LETTRES

SUR

L'ÉCOLE D'ADMINISTRATION

PAR

M. ANTONY ROULLIET

AVOCAT, LAURÉAT DE L'INSTITUT, ANCIEN CONSEILLER DE PRÉFECTURE

PARIS

PAUL DUPONT | GUILLAUMIN ET Cie

ÉDITEUR   ÉDITEUR

41, Rue J.-J.-Rousseau (Hôtel des Fermes). | 14, rue Richelieu, 14

1876

LETTRES

SUR

L'ÉCOLE D'ADMINISTRATION

PAR

M. ANTONY ROULLIET

AVOCAT

LAURÉAT DE L'INSTITUT, ANCIEN CONSEILLER DE PRÉFECTURE

PAUL DUPONT | GUILLAUMIN ETCⁱᵉ
ÉDITEUR | ÉDITEUR
41, Rue J.-J. Rousseau | 14, Rue Richelieu

1876

LETTRES

SUR

L'ÉCOLE D'ADMINISTRATION

———————→→›››※‹‹‹←———————

A M. Paul Dalloz, directeur du *Moniteur universel*.

I

Le souvenir que vous avez bien voulu garder
d'un affectueux patronage auquel j'attache toujours
le plus grand prix, vous a engagé à me demander
quelques notes sur l'École d'administration de
1848, comme ayant été à même de recueillir sur
cette institution l'un des témoignages les plus
autorisés, et vous m'avez prié de les rappeler à
l'attention publique.

J'accède aussitôt à votre désir, car vous savez
que l'on s'occupe volontiers de ce qui est conforme
à nos sentiments, et je suis de ceux qui, parmi les
institutions utiles à un pays comme la France, ont
toujours placé au premier rang une école d'administration ; il serait vraiment étrange, en effet,

qu'au début de toutes les carrières un apprentissage fût nécessaire, mais que les hommes qui se vouent aux services publics en fussent dispensés (1).

Sans vouloir combattre ici l'opinion assez accréditée en France que tout le monde est à même de faire, non pas de la politique, ce qui dans une certaine limite et sous de grandes réserves serait plus vraisemblable, mais bien de l'administration, j'arrive à ce qui a été tenté en vue de créer des hommes aptes à faire de la bonne administration, c'est-à-dire de la bonne politique.

La proposition présentée par M. Carnot dans la séance du Sénat du 29 mai 1876, d'établir une école d'administration, donne, en effet, à cette question une actualité réelle (2).

Le nom de M. Carnot se trouve mêlé, comme nous le verrons par la suite, aux origines mêmes de cette institution en France, et M. Carnot se devait à lui-même, il devait à ses anciens collaborateurs dans une œuvre aussi méritoire, d'attacher de nouveau son nom à un projet dont la réalisation, dans des temps déjà bien éloignés de nous, fut un des honneurs de son administration.

C'est de l'École nationale d'administration de

---

(1) Vivien, *Études administratives*. M.-E. Lenoël, *Des sciences politiques et administratives*. (Mémoire récompensé par l'Académie des sciences morales et politiques.)

(2) La proposition de loi est signée également par MM. Charton, Rampont, Picard (Ernest), Gilbert-Boucher, Ribière, Calmon, Corne, Duclerc, Humbert, Jules Simon, Arago, Bertauld, Hérold, de La Monneraye, de Saint-Vallier et Lepetit.

1848 que nous voulons nous occuper ici. Nous ne remonterons donc pas jusqu'au fameux dialogue de Socrate, ni même, dans des temps bien plus voisins, nous n'irons pas rechercher les projets de Napoléon Ier, dont l'intention était de considérer le conseil d'État comme une sorte d'école des services publics. On sait que dans la pensée de l'empereur, le nombre des auditeurs devait être considérablement accru (1) ; les uns auraient été attachés aux diverses sections du conseil, en même temps qu'aux ministères correspondants et aux grandes administrations ; les autres devaient être employés dans un certain nombre de préfectures. Ce projet ne put être exécuté, car il méconnaissait le grand principe de l'admission de tous aux fonctions publiques ; personne n'ignore, en effet, que sous le premier Empire il fallait justifier, pour première condition d'examen, d'un revenu de 6,000 francs.

Cuvier, en 1820, prépara un projet d'enseignement administratif, mais ce travail non-seulement ne reçut aucune suite d'exécution, mais ne fut même pas produit au jour pendant sa vie ; dans ce projet, comme le rapporte l'*École des Communes,* Cuvier, dont le grand nom est une autorité en toute matière, « mettant à profit les idées qu'il avait puisées dans son éducation en Allemagne, regardait l'établissement d'une école déterminée, spéciale, comme le meilleur moyen de

---

(1) Voir le décret du 26 décembre 1809.

former des administrateurs, des hommes d'État. »
C'était à l'école d'administration du duché de
Wurtemberg que Cuvier empruntait cette idée de
créer un enseignement administratif en France,
et il allait jusqu'à « n'admettre aux emplois que
ceux qui auraient suivi cet enseignement. »

A plusieurs reprises, la presse, dont l'action se
manifesta parfois si heureusement sous le gouvernement de Juillet, reprit le projet de Cuvier et
appela l'attention sur cette idée, sans que les pou-
voirs publics aient cru alors y devoir donner suite.

La haute commission des études de droit, insti-
tuée en 1838, au ministère de l'instruction publique, fut cependant saisie d'un projet de création
à Paris d'études politiques et administratives,
« en laissant flotter la question entre un simple
développement des facultés de droit et l'établissement d'une sorte d'école polytechnique des services
administratifs. »

C'est un arrêté du 8 mars 1848 qui créa une
école d'administration destinée au recrutement des
diverses branches d'administration jusqu'alors dé-
pourvues d'écoles préparatoires ; cette école devait
être établie « sur des bases analogues à celles de
l'École polytechnique. »

Cette création avait été jugée nécessaire par une
haute commission chargée par arrêté du ministre
de l'instruction publique, en date du 29 février
1848, d'examiner toutes les questions que « sou-

lève dans l'instruction publique l'ordre républicain. »

Le premier objet de cette commission fut de déterminer le système d'études d'une école destinée au recrutement des services publics ; en effet, comme le disait très-bien son président, M. Jean Reynaud, et comme on pourrait le répéter aujourd'hui : « De toutes les branches de l'instruction, il n'en est aucune qui ait été plus négligée jusqu'à présent que l'enseignement de la politique. »

Pour remédier à cet état de choses, on eut la pensée d'annexer au Collége de France plusieurs chaires d'enseignement qui, réunies à celles qui existaient alors, devaient constituer des éléments jugés suffisants pour les élèves de la nouvelle école.

Dans le projet de la commission, les jeunes gens qui se destinaient aux fonctions publiques devaient être « réunis sous le nom d'élèves du Collége de France, près des amphithéâtres du Collége, soumis dans leurs études à une discipline particulière » et partager avec le public le bénéfice de toutes ces leçons.

Dans ce premier projet on admettait aussi des élèves étrangers.

Le ministre de l'instruction publique et des cultes, M. Carnot, adoptant les conclusions de cette commission, présenta un décret qui fut approuvé par le gouvernement provisoire le 7 avril suivant.

Ce décret portait qu'afin « de donner à l'enseignement politique et administratif les développements nécessaires à la République, » il serait institué au Collége de France une série de chaires ainsi dénommées :

1° Droit politique français et droit politique comparé;

2° Droit international et histoire des traités;

3° Droit privé ;

4° Droit criminel;

5° Économie générale et statistique de la population;

6° Économie générale et statistique de l'agriculture;

7° Économie générale et statistique des usines, arts et manufactures ;

8° Économie générale et statistique des travaux publics;

9° Économie générale et statistique des finances et du commerce;

10° Droit administratif;

11° Histoire des institutions administratives françaises et étrangères.

Plusieurs de ces chaires étaient supprimées par le décret qui les créait, afin d'éviter un double emploi et aussi parce que, même en organisant cet enseignement, il avait pu paraître un peu trop spécialisé dans quelques-unes de ses parties.

Les élèves qui se destinaient aux diverses branches des services publics étaient assujettis à suivre les cours institués et prenaient le nom d'élèves du Collége de France.

Quel était le mode de recrutement des élèves ?

Un arrêté du ministre de l'instruction publique et des cultes fixait de dix-huit à vingt ans l'âge d'admission ; il déterminait aussi la nature des épreuves auxquelles les candidats devaient être soumis.

Sans entrer dans le détail des conditions requises, nous dirons que les élèves devaient répondre à un certain nombre de questions de philosophie et d'histoire littéraire ; ils étaient, en outre, tenus d'expliquer des textes d'auteurs français, d'exposer les préceptes de composition et de style ; enfin, ils avaient à témoigner de connaissances en mathématiques. Les épreuves écrites comprenaient une version latine, une rédaction sur une question d'histoire de France et une composition sur les matières alors professées dans les cours élémentaires de physique, de chimie et d'histoire naturelle des lycées.

Enfin, les candidats devaient justifier de la connaissance du dessin.

Les examens préparatoires s'ouvrirent à Paris, le 6 mai 1848 et les examens définitifs le 10 ; ils furent terminés le 15 du même mois ; dans les départements, la tournée des examinateurs s'ouvrit le 10 mai. Les autres conditions de cet examen

étaient réglées par un arrêté du 12 avril, également
signé par M. Carnot.

On le voit, les connaissances exigées des candidats étaient en somme assez élémentaires, elles
répondaient à l'enseignement donné à cette époque
dans les classes de rhétorique et de philosophie ;
mais, si le programme était peu développé, la lati-
tude laissée aux examinateurs leur permettait d'ap-
précier les aptitudes des candidats et, comme le
disait très-justement le ministre dans une circulaire
aux recteurs d'académie, ils devaient avant tout
s'appliquer « à chercher comment l'on sait, bien
plus que ce que l'on sait (1). »

Si donc, à certains égards, le programme pouvait paraître d'un ordre trop modeste, les instruc-
tions spéciales données aux examinateurs permet-
taient et permirent, en effet, d'en élever très-sen-
siblement le niveau.

Une fois admis à l'Ecole (la première promotion
comprit 150 élèves), les élèves devaient recevoir
une instruction gratuite ; ils étaient tenus de se
rendre assidûment aux heures fixées dans les
salles de l'Ecole, où ils travaillaient dans l'inter-
valle des cours ; ils étaient astreints à une discipline que le ministre qualifiait de « ferme.»

C'était une école libre, en ce sens que les élèves

----

(1) Les examinateurs furent divisés en trois tournées (nord
et est; sud-est, sud et centre; ouest); parmi eux nous signalerons les noms de M. Ampère, de l'Institut, et de M. Franck,
de l'Académie des sciences morales et politiques.

pourvoyaient, comme bon leur semblait, à leur en-
tretien, et qu'ils n'étaient astreints à aucun internat.

En présence d'une organisation en apparence si
incomplète, et que le défaut de temps excusait
amplement, on pourrait croire que peu de candidats
répondirent à l'appel qui était fait.

600 jeunes gens, chiffre considérable pour l'é-
poque, où les emplois publics étaient assurément
bien moins recherchés que de nos jours, se pré-
sentèrent aux examens ; sur ce nombre, 200 furent admis à l'examen définitif; le 15 juin, tous les
examens, ceux de Paris, comme ceux des départements, étaient terminés et la commission d'admission procédait à un dernier classement sous la
présidence de M. le sous-sécrétaire d'Etat de l'instruction publique.

Le temps, il faut bien le reconnaître, avait quelque peu manqué pour organiser sur des bases assez
sérieuses une institution de cette importance, et
un ordre de choses si nouveau dans notre pays ;
malgré cela, grâce au zèle déployé par tous, examinateurs et candidats, le recrutement fut jugé
excellent.

Nous verrons dans une seconde lettre, puisque
vous le voulez bien, quel a été le champ d'activité
de l'Ecole d'administration de 1848, et aussi, afin
d'abréger une étude qui mériterait cependant de
plus longs dévoloppements, sous quelles attaques
parfois injustes et sous quelles appréhensions

souvent peu réfléchies, succomba, en 1849, une institution qui était née d'une belle et grande pensée : celle de donner au pays des hommes à même de le bien servir.

II

Nous avons vu précédemment quelle était, en principe et en théorie, l'organisation de l'École nationale d'administration de 1848; nous examinerons aujourd'hui quel a été son champ d'activité.

L'Ecole s'ouvrit le 8 juillet 1848, et la séance d'installation, à laquelle assistaient les 150 élèves formant la première promotion, eut lieu dans l'un des amphithéâtres du Collége de France.

M. de Vaulabelle, alors ministre de l'instruction publique, présidait cette cérémonie; il était assisté de MM. Armand Marrast, Léon Reynaud et Boulatignier, représentants du peuple et professeurs de l'Ecole.

Le directeur, M. de Sénarmont, qui avait déployé beaucoup de zèle et d'activité dans l'organisation si rapide du nouvel établissement, était, sur sa demande, relevé d'une mission qu'il n'avait acceptée qu'à titre tout à fait temporaire et remplacé par M. Alfred Blanche, alors chef de division à la direction générale des cultes, qui appartenait déjà au personnel nommé de l'Ecole comme maître de conférences de droit administratif.

Après la cérémonie d'ouverture, M. Blanche réunit les élèves dans les salles intérieures de l'Ecole, et, dans un discours des plus remarquables, fit connaître les principaux devoirs qui incombaient à la première promotion de l'Ecole.

Les cours s'ouvrirent le 10 juillet; ils avaient lieu, comme nous l'avons dit, au Collége de France; les bâtiments alors inoccupés du collége Duplessis complétèrent l'installation de la nouvelle Ecole.

Nous avons vu antérieurement que cette institution avait été créée par décret; l'Assemblée nationale fut appelée, peu de temps après son ouverture, à statuer sur l'existence définitive de l'Ecole, et, dans la séance du 31 août 1848, un projet de décret, signé du président du conseil, chargé du pouvoir exécutif (M. le général Cavaignac), fut présenté à la Chambre.

L'exposé des motifs, que nous avons sous les yeux, est l'un des documents les plus curieux et les plus précieux à consulter sur ce sujet; le ministre rappelle les diverses tentatives qui avaient précédé celle de 1848, et que nous avons indiquées sommairement.

Il serait bon de reproduire ici les considérations élevées que le ministre exposait dans ce document et qui militaient, comme elles militent encore aujourd'hui, en faveur d'une institution de ce genre.

C'est qu'en effet, il importe à la bonne administration d'un pays que ses agents s'emploient à imposer partout à l'opinion publique ce juste respect de l'autorité qui est la condition fondamentale de l'ordre dans un gouvernement; ce n'est pas là une tâche si facile, et sans préparation, nul ne peut y parvenir. Car si, comme nous l'écrivions il y a plusieurs années, « administrer, c'est se vouer aux intérêts que l'on gère, c'est se dévouer (1) », il ne suffit pas d'une abnégation complète de soi-même et de la sécurité du lendemain pour le fonctionnaire, il lui faut aussi une connaissance approfondie du droit de tous et des droits de l'État.

Une autre considération sur laquelle insistait le ministre, c'était la confraternité qui pouvait naître de la vie commune des anciens élèves de l'École d'administration, lorsqu'ils seraient entrés dans les services publics ; on citait à l'appui cette sorte de communion d'intérêts et de mutuelle affection qui subsistent parmi les élèves d'autres écoles, et c'est avec raison que l'on considérait une conséquence, au premier abord un peu secondaire, comme un des utiles résultats de l'École. Nous verrons par la suite que les élèves de l'Ecole nationale de 1848 n'ont pas failli à ce devoir; tandis que dans l'état actuel des choses, il ne saurait exister aucun lien entre des hommes privés de tout rapport d'origine

---

(1) *Des chemins de fer d'intérêt local.* — Commentaire de la loi du 12 juillet 1865. — Paris, Paul Dupont.

et dont les intérêts personnels sont même si fréquemment en lutte:

Le ministre insistait aussi sur l'utilité d'un classement et démontrait victorieusement que ce système était à tous égards préférable à celui des facultés, qui ne donnent que des diplômes d'une égale valeur.

Toutes ces raisons, fort bien exposées dans le rapport du ministre, se présenteront de nouveau à notre examen lorsque nous étudierons quelle devrait être l'organisation de l'école projetée.

En 1848, on ne procéda pas d'une manière définitive, et l'École n'eut en quelque sorte, comme son installation, qu'une organisation provisoire; elle fut une véritable annexe du Collége de France.

Comme nous l'avons dit, les élèves ne furent pas internés, et l'on adopta un « terme moyen entre le régime des facultés et celui des écoles à internat »; tout en reconnaissant que ce dernier régime est cependant la plus haute « garantie de la discipline dans les études et dans les mœurs. »

L'administration de l'École était confiée à un conseil de perfectionnement, dont le président était nommé par le chef du pouvoir exécutif; les autres membres qui étaient proposés par le conseil d'Etat, l'Institut et l'Assemblée des professeurs, étaient, comme les professeurs et maîtres de conférences, nommés par le ministre de l'instruction publique;

cet établissement ressortissant directement à ce département.

Les professeurs et maîtres de conférences étaient nommés sur la présentation du conseil de perfectionnement, dont le directeur de l'École faisait partie.

La dépense nécessitée par une institution aussi sommaire était insignifiante, puisqu'aux termes du décret du 24 août 1848, devenu l'article 3 de la loi du 9 août 1849, il ne fut ouvert au budget de cette année qu'un crédit de 20,000 francs pour être affecté aux dépenses de l'École d'administration pendant le second semestre de 1848.

La grande question du recrutement des services administratifs n'était pas tranchée; elle restait entière, et il devait appartenir à un règlement d'administration publique de statuer sur les conditions des concours futurs, de l'admission et de la sortie des élèves.

Les matières de l'enseignement et leur division ; la discipline dans l'intérieur de l'École ; l'organisation et les attributions du conseil de perfectionnement ; la composition et les fonctions du jury d'examen pour le classement des élèves à leur sortie ; enfin, l'indication des services publics auxquels les élèves pouvaient être attachés et le nombre d'emplois qui devaient leur être réservés, ainsi que les conditions de stage, étaient autant de questions sur lesquelles il devait être statué.

Une seule prérogative qui fut maintenue même

après la supression de l'École, c'était l'exemption du service militaire, par analogie de ce qui avait lieu, aux termes de la lôi du 21 mârs 1832, pour les élèves de l'École polytechnique.

La faveur qui entoura l'École, encore au berceau, encouragea le Gouvernement à prendre les mesures nécessaires pour préparer une seconde promotion, qui fut de cent élèves, et dont les études commencèrent en novembre 1848.

Nous n'insistons pas ici sur les nouveaux concours qui furent ouverts le 17 septembre, ni sur les nouvelles conditions d'admission qui furent réglées par un arrêté du ministre de l'instruction publique et des cultes du 15 septembre 1848. Cet arrêté qualifiait les candidats admis d'*élèves de l'École d'administration du Collége de France*.

Le 16 décembre suivant, le rapport, dont nous avons parlé plus haut, fut déposé sur le bureau de l'Assemblée nationale ; il apportait quelques modifications à l'organisation primitive, mais il était complétement favorable au principe d'un enseignement spécial de l'administration. Sur la mise à l'ordre du jour du projet relatif à l'Ecole, le ministre de l'instruction publique demanda l'ajournement de la discussion et, dans la séance du 22 janvier 1849, il apporta, au nom du Gouvernement, deux projets de loi : l'un, retirant le projet présenté par son prédécesseur ; l'autre, ayant pour objet de compléter ou d'organiser dans les diverses facultés de

droit l'enseignement du droit public et administratif.

M. Bourbeau, auteur du rapport sur le projet
retiré, présenta alors, en son nom personnel, une
proposition qui n'était que la reproduction du projet
de loi primitif.

Une nouvelle commission fut chargée de l'examiner, et ce fut M. Boulatignier qui fut désigné
comme rapporteur.

Le travail de ce savant administrateur est assurément le document le plus complet et le plus
utile à consulter sur la matière ; il examine succes-
sivement avec une grande hauteur de vues et une
justesse d'appréciation rare, l'utilité d'un enseignement spécial destiné à former des sujets pour
les fonctions publiques ; l'organisation de cet enseignement et les matières qu'il doit comprendre ;
l'état des élèves pendant leur séjour à l'École et
après leur sortie, enfin la question des voies et
moyens.

Nous regrettons de ne pouvoir qu'indiquer ici
d'une manière incomplète les points principaux de
ce travail ; il mériterait d'être reproduit en entier ;
c'est le plus judicieux plaidoyer qu'il soit possible
d'invoquer en faveur de l'institution d'une école
d'administration.

La commission concluait à l'adoption de la proposition de M. Bourbeau.

Nous n'avons pas à insister sur la discussion
qui eut lieu à l'Assemblée, ni sur les phases diver-

ses par lesquelles passa alors la question qui nous occupe.

Dans la séance du 9 août 1849, la suppression de l'École d'administration était votée par 370 voix contre 124.

La loi, promulguée le 14, statuait sur le sort des anciens élèves qui étaient admis dans les écoles de droit ou de médecine, en comptant le temps qu'ils avaient passé à l'école d'administration pour un certain nombre d'inscriptions ; la dispense du service militaire devenait définitive.

L'École nationale d'administration avait cessé d'exister.

III

Si c'est aux fruits qu'on connaît l'arbre, il ne sera pas sans intérêt et aussi sans utilité pour le projet d'une réorganisation d'une école d'administration de dire; en quelques mots, ce que sont devenus les élèves des deux promotions de l'École de 1848.

Nous empruntons à l'*Association des anciens élèves* une liste que nous abrégeons autant que possible et qui montre à quelle variété d'emplois et de situations sont parvenus les élèves de la première École. Tous les services publics ont su utiliser d'aussi bonnes recrues, il en est même qui sont arrivés, malgré un concours de circonstances qui auraient dû être funestes, à de hautes fonctions où leur mérite a su les maintenir. Dans la sphère privée, beaucoup des élèves de l'École nationale d'administration sont aux premiers rangs; c'est donc servir la création nouvelle que de rappeler ce que sont devenus quelques élèves de la première École.

Dans les Chambres, nous trouvons :

MM. Berger, député de Maine-et-Loire, ancien chef de bureau au ministère de l'intérieur;

Floquet (Charles), avocat à Paris, député de la Seine ;

Guillemin, député d'Avesnes (Nord);

Et de Sonnier, député et membre du conseil général de Loir-et-Cher.

Dans l'administration de la Chambre des députés, nous avons parmi les anciens élèves de l'École, M. Jules Poudra, secrétaire général de la présidence.

Au conseil d'Etat, nous trouvons l'un des présidents de section, et aujourd'hui un maître à son tour dans la science administrative, M. Léon Aucoc, qui appartient à la première promotion de l'École;

M. Charles Tranchant, conseiller d'Etat et ancien secrétaire général de la compagnie des Messageries maritimes.

Au tribunal des Conflits, le secrétaire, M. Sechehaye, est un ancien élève de l'École, qui a été conseiller de préfecture.

Rappelons également les noms de MM. Taigny (Edmond), Meynard de Fronton et Paixhans, qui furent maîtres des requêtes.

A l'Institut, un des membres le plus récemment nommés à l'Académie des Inscriptions et Belles-Lettres, a fait aussi partie de l'École; c'est M. Boutaric, chef de section aux Archives nationales, lauréat de l'Institut.

Dans le corps diplomatique et consulaire, nous trouvons comme anciens élèves de l'École d'administration : MM. de Gabriac, ministre plénipotentiaire en Grèce; Tissot, ministre de France au Maroc; de Vorges, ministre plénipotentiaire; Ouvré de Saint-Quentin, secrétaire de 1re classe d'ambassade; ainsi que MM. Du Roscoat, consul général; Crampon (Ernest) et Du Tour, consuls de 1re classe; Ordega, consul à Palerme.

Dans le personnel préfectoral en activité : MM. Pihoret, préfet de la Loire; Degrond (Gustave), préfet du Cher; Febvay, sous-préfet du Havre.

En disponibilité, en non-activité ou admis à l'honorariat : MM. Peloux et Vernhette, anciens préfets; ainsi que MM. Faton de Favernay, Cotelle, Paul de Bastard et Izambert.

Dans le personnel des administrations centrales, nous signalerons seulement : MM. O. Claveau, inspecteur général de 1re classe des établissements de bienfaisance au ministère de l'intérieur, et Emile Rougeot, chef de bureau au ministère de l'agriculture et du commerce.

Parmi ceux qui ont fait partie de ce personnel, citons M. Moranvillé, ancien chef de bureau au ministère de l'intérieur et ancien directeur des Magasins généraux de Paris.

Dans la magistrature, notons, comme ayant appartenu à l'École de 1848, MM. Camoin de Vence, procureur de la République près le tribunal civil de Marseille, et Mulle, juge au tribunal de la Seine.

Dans les grands services publics, notons encore MM. Letellier de la Fosse, ancien conseiller de préfecture, secrétaire général du Crédit foncier et du Crédit agricole ;

Ruau (Louis), directeur de l'administration des monnaies à Paris ;

Et Corot (Victor), chef de division à la préfecture de la Seine.

Dans les administrations privées, M. de Boisserolle, chef de bureau au chemin de fer de la Méditerranée, et enfin, nous ne saurions oublier MM. Jules Amigues, publiciste, et Stirbey, ancien ministre des affaires étrangères de Roumanie.

Une institution dont l'existence a été si courte, mais qui laisse après elle d'aussi nombreux et brillants témoignages, et qui présente un livre d'or aussi remarquable, ne saurait être, comme il est de mode de le dire aujourd'hui, une institution « jugée ; » ce qu'il lui a été donné de faire en si peu de temps permet de présager l'utile contingent qu'elle serait à même d'apporter au pays.

Nous essayerons de dire, dans une prochaine lettre, dans quel ordre d'idées, à notre avis, il est bon d'entrer et de présenter, au moins d'une manière sommaire, quelques-unes des bases de l'organisation de l'École d'administration projetée.

IV

Au point de vue de l'organisation de la future
École, les enseignements du passé ne peuvent que
bien peu servir ; ce qu'on a fait, à la hâte et à titre
provisoire en 1848, peut cependant donner quelques directions et surtout faire éviter quelques
écueils.

Les Écoles étrangères, si intéressantes à étudier
et dont nous tenterons peut-être quelque jour un
rapide examen, conviennent probablement fort
bien au pays où elles fonctionnent; il y a là de
bons exemples à suivre; il n'y a pas, croyons-nous,
de modèle qui puisse être copié en tous points en
France.

Ici, d'ailleurs, la matière est dominée par la
grande question de l'admission aux emplois publics.

Nous n'avons pas à la discuter actuellement et à
dire ce que nous en pensons; les partisans d'une
école exclusivement destinée à pourvoir aux services publics administratifs citent l'exemple d'un
certain nombre d'écoles qui assurent divers servi-

ces de l'Etat (Ecole des ponts et chaussées, des mines, du génie maritime, forestière, des manufactures de l'Etat, etc., etc.). Ceux qui pensent ainsi sont fort nombreux et ont les mains pleines de raisons excellentes auxquelles nous souscrivons volontiers ; mais ils viendront toujours se briser, dans l'état actel des choses au moins, devant cette simple objection que les chefs des grandes administrations diront qu'ils ne peuvent être liés par un examen qui a été passé en dehors d'eux, et qu'on ne peut leur imposer leur personnel.

De plus, au point de vue des élèves, quelles garanties leur assurer, même en supposant qu'ils fussent admis légalement dans certains emplois ? Il y aurait, en effet, de ce côté, toute une réforme à opérer dans notre organisation administrative ; il faudrait créer une sorte d'*état* des employés et fonctionnaires. La mesure ne laisserait pas que d'être excellente dans un pays comme la France, où les changements de personnes et de choses sont si fréquents ; mais c'est une grave question à résoudre et sa solution ne saurait être immédiate.

Une autre considération qui a sa valeur dans l'ordre de faits actuel, c'est la question financière ; une école d'administration exclusivement composée d'élèves internes serait une lourde charge pour le budget.

Enfin, un autre inconvénient résulterait de ce fait qu'il y aurait à interner des jeunes gens qui, depuis longtemps très-probablement, auraient quitté les bancs des colléges, et que, d'ailleurs, cette sorte d'éducation qui peut fort bien convenir à certains services, ne saurait être adaptée à des élèves qui ont besoin de se créer des relations et de vivre au milieu du monde.

Ainsi donc, malgré de nombreux avantages que nous n'avons nulle envie de contester, le système de l'internat exigerait une modification considérable dans l'ordre des choses actuel ; à ce titre, il nous semble devoir être écarté, sinon à tout jamais, au moins son adoption doit-elle être différée et n'être que la conséquence de conditions nouvelles pour l'admission, l'avancement et la situation aujourd'hui si amovible de la plupart des fonctionnaires et employés de l'État.

Tout autre est une école d'administration, en admettant le système exclusif de l'externat.

A certains égards, il répond mieux que l'internat à des usages très-enracinés, à des préjugés fort accrédités et surtout, disons-le, à l'état de choses que nous venons de signaler ; mais, en réalité, avec l'externat seul, ce n'est qu'une sorte de faculté nouvelle qui ne nous semblerait répondre ni à la pensée-mère de la future École, ni, ajoutons-le, aux besoins très-réels qu'elle est appelée à satisfaire.

Une autre objection qui a déjà été produite et qui n'est pas sans valeur, c'est que, dans ce système, si l'École ne reçoit que des licenciés en droit, c'est une année de plus qui est en quelque sorte imposée aux candidats, par conséquent, souvent des charges très-lourdes pour les familles. Nous n'ignorons pas, qu'au point de vue des connaissances acquises, cette année viendrait très-utilement compléter l'ébauche d'enseignement qui a été faite à la faculté de droit en suivant, pendant la troisième année, le cours de droit administratif et celui d'économie politique ; mais, bien que le titre de licencié en droit ait été jugé suffisant pour un très-grand nombre d'emplois et même de fonctions publiques, comme par exemple celles de conseiller de préfecture, en ce qui est d'une véritable connaissance de l'administration, on peut bien dire que dans les facultés on n'apprend qu'à apprendre.

A notre avis, et sans s'attacher à des idées basées cependant sur des faits acquis, mais que nous ne donnons que sous réserve d'un plus mûr examen, nous pensons que la future École d'administration ne doit adopter ni l'externat seul, ni l'internat seul, mais participer de ces deux systèmes.

La proposition faite par M. Carnot, dans la séance du Sénat du 29 mai dernier, semble même faire entrevoir un projet dans ce sens.

C'est donc un système mixte ; l'internat existerait pour un certain nombre d'élèves, pour ceux qui se destinent sérieusement à des services publics, et qui auraient passé dans ce but un examen spécial ; l'externat serait appliqué à tous ceux qui ne désireraient qu'augmenter leurs connaissances en droit public et administratif, dont la carrière sera peut-être politique, peut-être administrative, mais qui tiennent à conserver leur liberté, et qui ne viendraient chercher à l'Ecole qu'un nouveau diplôme que l'on pourrait appeler *licence ès-administration* ou autrement.

Dans cette catégorie d'auditeurs, qui constitueraient les élèves libres, rentreraient tous ceux qui, par leur situation de famille ou de fortune, se croient appelés plus tard à remplir des fonctions gratuites et qui ne voudraient pas attendre d'être investis d'un mandat de leurs concitoyens ou d'une charge publique pour se mettre à même de les remplir.

Ainsi donc deux classes d'élèves : les élèves proprement dits et les élèves libres.

Pour les premiers qui auraient, comme nous venons de le dire, ou passé un examen préalable, ou qui devraient justifier du diplôme de licencié en droit, ou ès-lettres, ou ès-sciences, suivant les cas, il pourrait y avoir lieu, sans apporter de grandes modifications au régime actuel, de leur assurer à la sortie de l'Ecole, après une année, une sorte de noviciat dans les administrations publiques; il suffirait d'un décret pour déterminer les conditions exigées.

M. le garde des sceaux est déjà entré dans cette voie excellente en organisant le recrutement des attachés à la chancellerie, et tout récemment, en venant compléter cette pensée par le décret du 29 mai 1876 que commente si heureusement la circulaire de M. Dufaure, en date du 4 juin, en ce qui est non-seulement des attachés à la chancellerie, mais aussi des attachés aux parquets des cours et tribunaux. La route est donc ouverte ; ce qui a été fait au point de vue uniquement judiciaire peut être tenté à l'égard des divers services de l'ordre administratif, et nous pensons que ce devrait être l'œuvre d'une commission dans laquelle figureraient, à côté de ceux qui ont pu étudier cette question, des représentants de toutes les grandes administrations.

Nous n'avons pas à développer davantage cette pensée, que nous livrons aux réflexions de ceux qui veulent assurer à tous les services du Gouvernement un recrutement sérieux et des candidats capables.

Ainsi donc, deux sortes d'élèves et aussi deux sortes d'examens de sortie : pour les élèves internes, un ordre de sortie, c'est-à-dire un classement basé sur des examens répétés au cours de l'année d'études et aussi lors de l'épreuve finale ; pour les élèves externes, qui ne viendraient demander à l'École qu'un complément d'enseignement, un diplôme uniforme, qui ne serait toutefois obtenu qu'à la suite d'au moins deux examens pendant l'année scolaire, afin d'éviter ces préparations hâtives qui trompent parfois les examinateurs et toujours les candidats.

Quel serait l'enseignement donné à l'École?

Ici, c'est encore un point très-complexe et sur

lequel nous n'avons la prétention que d'offrir une sorte de thème pour la discussion.

Selon nous, il serait bon de restreindre les cours et de ne pas suivre en tous points les errements de l'école nationale de 1848; il nous semble que, sauf appellation meilleure et même sous le bénéfice d'une division peut-être plus précise, il y aurait lieu de doter le futur établissement des cours ci-après :

1° Droit administratif étudié dans ses principes généraux et comparé à celui des pays étrangers;

2° Cours d'administration départementale et communale ;

3° Cours d'administration financière ;

Pour ces trois cours, il y aurait lieu de les compléter par des conférences spéciales dont nous parlerons ci-après.

4° Cours de géographie;

5° Cours d'économie politique;

6° Cours de statistique de la population, de l'agriculture, des travaux publics, etc. ;

7° Cours de législation commerciale et industrielle;

8° Cours d'histoire de France;

9° Leçons sur les institutions politiques, administratives et financières de la France, comparées avec les pays étrangers;

10° Cours de langues vivantes (allemand ou anglais);

11° Répétitions de dessin;

12° Histoire diplomatique : analyse des traités politiques et commerciaux.

En admettant trois cours d'une heure et quart par jour, sauf un jour, le jeudi, où l'après-midi serait libre, on arrive à deux leçons par semaine pour les cours numérotés 1, 2, 3, 10 et 12, et à une leçon pour les autres; en dehors de ces leçons qui seraient ou pourraient être communes aux élèves titulaires et aux élèves libres, il y aurait lieu de créer des conférences spécialement réservées aux internes; dans ces répétitions, le professeur s'attacherait à développer le côté pratique de l'enseignement qui aurait été donné dans le cours public.

Il va sans dire que nous ne donnons pas cette répartition comme parfaite; ce n'est qu'une première idée que l'examen réfléchi pourrait peut-être modifier.

Quant à la direction de l'École (ce qui est un point capital), nous la voudrions voir confiée à un de ces hommes que l'opinion publique a placés au-dessus des partis et dont la carrière passée répondrait des services futurs : à côté du directeur, il y aurait lieu d'établir un conseil de l'École qui, présidé par le ministre de l'instruction publique ou par le sous-secrétaire d'État de ce département, serait composé par exemple de douze membres : deux pris dans le sein du Sénat ou élus par lui; deux dans

la Chambre des députés ou élus par elle ; un repré-
sentant du conseil d'État, un de la cour de cassa-
tion et un de la cour des comptes ; chacun des ministères de la justice, des affaires étrangères, de
l'intérieur, de l'agriculture et du commerce, des
travaux publics, aurait un délégué dans ce conseil,
nommé par le secrétaire d'Etat respectif de ces départements.

A côté du directeur et comme cela existe notam-
ment à l'École des ponts et chaussées et à l'École
des mines, un sous-directeur ou inspecteur serait
spécialement chargé de tout ce qui a trait à la sur-
veillance de l'École et à son administration proprement dite.

Un secrétaire de l'École et un commis pourraient suffire pour tous les détails du service intérieur.

Les professeurs, dans cet ordre d'idées, seraient
pris parmi les personnes que des garanties de
savoir et d'honorabilité désigneraient au choix du
ministre, sur la présentation du conseil de l'École
et sur celle du directeur.

Au commencement de chaque année scolaire, le
conseil de l'École déterminerait l'ouverture et la
fermeture des cours, les jours et heures des leçons
et des répétitions ou conférences, et chaque professeur devrait soumettre à ce conseil le programme
détaillé de son cours ; le conseil discuterait ce
plan, hors la présence du professeur, et voterait

ensuite sur son adoption, après avoir entendu l'intéressé.

Cette organisation fort simple et se tenant tout d'une pièce n'exigerait, pour fonctionner, qu'un local très-restreint : deux amphithéâtres, deux salles d'études, une salle pour le conseil de l'École, une installation pour le directeur et le sous-directeur ou inspecteur, et enfin, les locaux destinés au secrétariat.

Ajoutons une bibliothèque, avec salle de travail, dans laquelle on pourrait réunir un grand nombre de documents officiels et qui serait une annexe excessivement utile.

Resterait à traiter la question de la discipline dans l'École : ce serait l'objet d'un règlement à faire par le conseil, qui devrait être approuvé par le ministre ; mais il semble que les peines à infliger devraient être très-limitées, car l'École ne comprendrait dans notre pensée que des jeunes gens à même de se rendre compte de leur situation et partant à réduire, sinon même à exclure tout à fait, les causes de réprimande ou d'exclusion.

Enfin viendrait la question des dépenses.

A notre avis, l'École devrait être gratuite ou à peu près pour les élèves internes, c'est-à-dire pour ceux qui n'y seraient admis qu'après un examen avec le diplôme de licencié en droit et qui se destineraient réellement aux emplois publics ; pour les élèves libres, qui, eux, pourraient être admis parmi les bacheliers en droit, et qui, à côté de l'enseignement de l'École, pourraient, à Paris, suivre les cours de la Faculté de droit, afin de ne pas accroître le temps d'études, il y aurait lieu de fixer une cotisation pour chaque cours ou pour l'ensemble de l'enseignement, car nous admettrions volontiers que ces élèves ne suivissent que telle ou telle des leçons professées à l'École.

Sous le bénéfice, nous le répétons, d'études nouvelles et surtout des conseils si autorisés de quelques administrateurs ou de quelques hommes spéciaux que nous ne voulons point nommer ici, nous estimons qu'il serait possible de donner à l'École nationale d'administration à fonder à Paris une sorte d'organisation dans le genre de celle que nous venons d'esquisser très-rapidement.

ANTONY ROULLIET,

Lauréat de l'Institut,
Ancien conseiller de préfecture.

Paris, imprimerie Paul Dupont, rue J.-J.-Rousseau, 41 (3394.9.76)

OUVRAGES DU MÊME AUTEUR

Rapport à S. Ex. le Ministre de l'Intérieur sur divers hôpitaux de Genève, Turin et Milan. — Paris, librairie administrative de Paul Dupont. 1 vol. in-4° avec planches, 1863.

Des Chemins de Fer vicinaux. — Commentaire de la loi du 12 Juillet 1865. — Brochure, librairie Paul Dupont.

La Palestine au point de vue international. — Grand in-8°. Paris, 1869, Paul Dupont et E. Lachaud.

Répertoire administratif ou table de l'École des Communes. 1844-1868 (en collaboration avec M. Th. Ymbert). — Paris, 1. vol. 1870, librairie administrative de Paul Dupont.

Des Associations coopératives de consommation. 1 vol. in-18. Paris, 1876, Paul Dupont.

www.ingramcontent.com/pod-product-compliance
Lightning Source LLC
LaVergne TN
LVHW010340030726
842520LV00004B/1570